FOR
Tourists

INSTANT
MALAY
FOR
Tourists

S.Y. KOAY

**Pelanduk
Publications**
www.pelanduk.com

Published by
Pelanduk Publications (M) Sdn. Bhd.
(Co. No. 113307-W)
12 Jalan SS13/3E, Subang Jaya Industrial Estate,
47500 Subang Jaya, Selangor, Malaysia.

e-mail: *mypp@tm.net.my*
website: *www.pelanduk.com*

All rights reserved.
Copyright © 2001 Pelanduk Publications.
This book may not be reproduced in whole or
in part, by mimeograph or any other means,
without permission from the copyright holder.

ISBN 967-978-772-9
(INSTANT MALAY FOR TOURISTS)

Printed by
Print Source

PREFACE

Malay—or Bahasa Malaysia—is the official language of Malaysia. It is fairly easy to learn and pronounce words in this language. This book is written to help tourists acquire a basic grasp of the language. This will make their stay in Malaysia a more pleasant and wonderful experience. There is a list of useful words using English sounds to help tourists pronounce words in Malay without any problem. Also, to enable tourists to move around Malaysia with ease, there is a complete set of basic vocabulary and essential likely conversations or expressions that a tourist might find very useful. Even road signs along highways and notices at airports are

INSTANT MALAY FOR TOURISTS

included to assist tourists. The words and phrases in this book have been carefully selected based upon travel experiences.

CONTENTS
Isi kandungan

1. **PRONUNCIATION** 15
   Vowels *Vokal* **16**
   Consonants *Konsonan* **20**

2. **WHAT TO EAT AND DRINK** 27
   Food *Makanan* **27**
   Breakfast *Sarapan pagi* **28**
   Local food
     Makanan tempatan **29**
   Local fruits
     Buah-buahan tempatan **34**
   Vegetables *Sayur-sayuran* **35**
   Drinks *Minuman* **36**

3. **MOVING AROUND** 39
   Transport
     Pengangkutan **39**
   Road signs
     Panduan lalulintas di jalanraya **40**

INSTANT MALAY FOR TOURISTS

Signs and notices at airports
  *Papan tanda dan notis
  di lapangan terbang* **41**
Buildings
  Bangunan **42**
Places of interest
  Tempat-tempat menarik **44**
Directions
  Arah **45**

4. WHAT TO LOOK OUT FOR 47
Malaysian festivals
  Perayaan-perayaan Malaysia **47**
Traditional Malaysian costumes
  Pakaian tradisional Malaysia **49**
Popular folk arts
  Seni tradisional popular **50**
Cultural shows
  Pertunjukan kebudayaan **51**

5. WHAT TO BUY AND RECREATIONAL ACTIVITIES 53
Souvenirs
  Cenderamata **53**

INSTANT MALAY FOR TOURISTS

Sports and recreation
Sukan dan aktiviti rekreasi **55**

6. COMMONLY USED WORDS **57**
Personal pronouns
Ganti nama **57**
Colours
Warna **57**
Ailments and diseases
Penyakit **58**
Days of the week
Hari-hari dalam minggu **60**
Parts of the head
Bahagian kepala **61**
Parts of the body
Anggota badan **61**
Other useful words
Perkataan-perkataan lain yang berguna **63**
Useful sentences for daily conversation
Perbualan harian **65**
Greetings
Ucapan selamat **67**

INSTANT MALAY FOR TOURISTS

Festive greetings
  Ucapan perayaan **68**
Apologies
  Meminta maaf **68**
Partings
  Ucapan perpisahan **70**
Thanking
  Ucapan terima kasih **70**
Congratulating
  Ucapan tahniah **71**
Announcements at the airport
  Pengumuman di lapangan terbang **72**
Announcements in the plane
  Pengumuman di dalam pesawat **73**
When the plane is landing
  Apabila pesawat sedang mendarat **75**
At the immigration
  Di imigresen **75**
At the customs
  Di kastam **76**
At the information office
  Di pejabat penerangan **78**

1
PRONUNCIATION

Tourists with some knowledge of the pronunciation of words in English will find it relatively easy to pronounce words in Malay because they can easily make use of their knowledge of English pronunciation to pronounce and speak Malay.

This brief introduction serves to enable the tourists to transfer this skill in English to pronounce Malay words. The following list of vowels, consonants and dipthongs contain examples to guide the tourists to pronounce Malay words without much difficulty.

VOWELS
Vokal

Words with 'e', 'i', 'ey', 'ei', 'ee' and 'ea' are pronounced as the long vowel [i] in words such as in:

'e'   he, be, these
'i'   field, piece, police, machine
'ey' key
'ei' seize
'ee' see, sweet
'ea' seat, eat, tea, seal, leaf

Words with 'i' and 'y' are pronounced as the short vowel [i] in words such as in:

'i'   sit, with, rich, ship
'y'   city, rhythm, symbol

Words with 'o', 'u', 'ew', 'ue', 'oe', 'ui', 'oo' and 'ou' are pronounced as the long vowel [u] in words such as in:

'o'   do, lose, move
'u'   rude, Susan, sue
'ew' chew, new
'ue' blue, glue
'oe' shoe
'ui' juice
'oo' food, moon, boot, loose
'ou' group, soup, would

Words with 'u', 'o', 'oo' and 'ou' are pronounced as the short vowel [u] in words such as in:

'u'   put, full, sugar, cushion
'o'   woman, bosom, wolf
'oo' good, book, wood, wool
'ou' could, would, should

Words with 'e', 'ea' and 'a' are pronounced as the vowel [e] in words such as in:

'e'   get, bet, pet, sell, men
'ea' dead, head, breath

'a' many, Thames, dad

Words with 'a' are pronounced as the vowel [e] in words such as in:

'a' sofa, about, ago, above

Words with 'o', 'a', 'ou', 'ow' and 'au' are pronounced as the short vowel [o] in words such as in:

'o' dog, hot, pot, doll, sorry
'a' was, what, swan, watch, wall
'ou' cough, trough
'ow' knowledge
'au' because, sausage , Austria

Words with 'or', 'aw', 'a' and 'oo' are pronounced as the long vowel [o] in words such as in:

'or' cord, sword, horse, born, port
'aw' yawn, saw, jaw, lawn dawn
'a' all, war, salt
'oo' door, floor

Words with 'a', 'ar', 'ear', 'er' and 'au' are pronounced as the long vowel [a] in words such as in:

'a' pass, after, bath, father
'ar' part, car, march, card
'ear' heart
'er' clerk, sergeant
'au' aunty, laugh

Words with 'y' and 'ie' are pronounced as the dipthong [ai] in words such as in:

'y' my, sky, why, fly, try, cry, dry, fry
'ie' tie, die lie, pie

Words with 'ow' and 'ou' are pronounced as the dipthong [au] in words such as in:

'ow' how, cow
'ou' house, mouse

INSTANT MALAY FOR TOURISTS

Words with 'oy' and 'oi' are pronounced as the dipthong [oi] in words such as in:

'oy' boy, toy
'oi' boil, soil, spoil

Words with 'a' in words which are pronounced as the dipthong [ei] such as in:

'a' day, way, may, cake, take, make

CONSONANTS
Konsonan

'b' bell, bag, bat

The 'b' is not pronounced in the following words:

debt, doubt, comb, dumb

The 'c' is pronounced as [k] when it appears in front of the letters 'a' and 'u', such as in:

can, cut, coat

The 'c' is pronounced as [s] when it appears in front of the letters 'e', 'i' and 'y', such as in:

certificate, city, cycle

The 'ch' is pronounced as [k] when it appears in front of 'o' and 'a', such as in:

cholera, chaos

   'd'   *do, dig, dog*
   'f'   *friend, fan, fun*
   'g'   *got, get, game*

The 'g' is pronounced as [j] when it appears in front of the letters 'e', 'i' and 'y', such as in:

general, genuine, giant, gymnastic

The 'gh' sound which appears at the end of the words are pronounced as the [f] sound, such as in:

cough, enough, laugh

The 'gh' sound is not pronounced when it appears behind the letter 'i', such as in:

fight, light, night, sight, right

'h' head, have, hand
'j' jump, jam, just
'k' kiss, kick, kid

The [k] sound is not pronounced in words beginning with 'kn', such as in:

knee, knife, knock, know

'l' letter, later, less

The [l] sound in front of 'e' is pronounced as [l], such as in:

app*l*e, ab*l*e, tab*l*e, cab*l*e

'm' **man, make, mad**
'n' **nose, nod, neat**
'p' **pipe, peep, pet**

The 'ph' is pronounced as [f] in such words as:

ne*ph*ew, *ph*one, *ph*oto

'q' **quick, quiet, quite, queen**
'r' **rain, race, robe**

The 'r' is pronounced in words such as in:

write, right, room

The 'r' is not pronounced in words such as in:

fire, father, mother, sir

The 'w' which appears in front of 'ho' is not pronounced such as in:

who, whole, whom, whose

The 'w' which appears in front that are not pronounced such as in:

write, wrist, wrap, wrong

'y' yes, yell, year, your, yellow
'z' zoo, lazy, zip, zone

2
WHAT TO EAT AND DRINK

FOOD
Makanan

apple	*epal*
banana	*pisang*
banana fritters	*pisang goreng*
beef	*daging lembu*
biscuit	*biskut*
bread	*roti*
cake	*kek*
chicken	*ayam*
chocolate	*coklat*
coconut	*kelapa*
egg	*telur*
fish	*ikan*
fruits	*buah-buahan*
ice cream	*aiskrim*
mango	*mangga*

mutton	*daging kambing*
noodles	*mee*
orange	*oren*
papaya	*betik*
pineapple	*nenas*
pork	*daging babi*
prawn	*udang*
rice	*nasi*
seafood	*makanan laut*
vegetables	*sayur-sayuran*

BREAKFAST
Sarapan pagi

boiled eggs	*telur rebus*
bread	*roti*
butter	*mentega*
cereal	*biji-bijiran*
cheese	*keju*
coffee	*kopi*
fried eggs	*telur goreng*
fries	*kentang goreng*
half-boiled egg	*telur separuh masak*
ham	*ham*

margarine	*marjerin*
milk	*susu*
omelette	*telur dadah*
orange juice	*jus oren*
pancake	*lempeng*
sandwich	*sandwic*
sausage	*sosej*
toast	*roti bakar*
tomato sauce	*sos tomato*

LOCAL FOOD
Makanan tempatan

Malay food
Makanan Melayu

ayam goreng	fried chicken
ayam panggang	grilled chicken
ayam percik	barbecued chicken marinated in spicy coconut gravy
ikan panggang	grilled fish
keropok ikan	fish cracker
keropok udang	prawn cracker
lempeng	pancake

INSTANT MALAY FOR TOURISTS

mee goreng   fried noodles
mee kari
   noodles served in curry
mee kuah
   noodles served in stock or gravy
mee rebus
   boiled noodles with gravy
nasi briyani
   rice-based dish served with
   curry chicken or other meat
nasi campur
   rice served with fish,
   vegetables and meat
nasi dagang
   fragrant unpolished glutinous
   rice steamed with coconut milk
   and served with tuna fish curry
nasi goreng   fried rice
nasi kerabu
   rice-based dish served with
   local herbs and salted fish
nasi kunyit   glutinous rice
nasi lemak
   rice cooked in coconut milk

INSTANT MALAY FOR TOURISTS

nasi putih   plain white rice
sambal   chilli paste
satay
   barbecued meat served with peanut sauce

Chinese food
Makanan Cina

char kway teow
   rice flour noodles combined with yellow noodles, eggs and cockles fried with black sauce
claypot rice
   rice cooked with chicken in a claypot
sweet and sour fish
   fish cooked in tomato sauce
sweet and sour pork
   pieces of pork cooked in tomato sauce
yong taufoo
   bean curd stuffed with fish meat
dimsum   steamed snacks

itik tim
    duck with salted vegetables
otak-otak
    fish meat marinated in spice,
    wrapped in banana leaves
    and grilled
bubur   rice porridge
bak kut teh
    pork ribs cooked with herbs
    in a claypot

Indian food
    Makanan India

tosai or capati
    Indian pancake
murtabak
    pancake with spiced meat
    mixture
nasi kandar
    rice served with chicken, fish,
    beef or mutton curries and
    vegetables

INSTANT MALAY FOR TOURISTS

Indiapom
   pancake served with thick
   dhall curry
naan
   bread baked in a clay oven
tandoori chicken
   chicken baked in clay oven
tikka   chicken
kurma   mild meat curry
pasembor
   prawn fritters, crab, fried
   beancurd, cucumber, bean
   sprouts, etc, served with piquant
   peanut sauce

Western food
Makanan Barat

asparagus salad
   salad asparagus
beef fried with shredded ginger
   daging lembu di goreng
   dengan halia
beef steak   *daging bakar*
beef stew   *stew daging*

chicken fried with mushroom
   ayam di goreng dengan cendawan
chicken salad   *salad ayam*
crab salad   *salad ketam*
crabmeat omelette
   daging ketam goreng telur dadah
egg salad   *salad telur*
fish and chips
   ikan dan kentang goreng
fried fish patties
   pati ikan goreng
lettuce salad   *salad daun selada*
mushroom soup
   sup cendawan
oxtail soup   *sup ekor*

LOCAL FRUITS
Buah-buahan tempatan

belimbing	starfruit
betik	papaya
cempedak	a type of jackfruit
ciku	sapodilla
duku	duku
durian	durian

INSTANT MALAY FOR TOURISTS

durian belanda	soursop
jambu air	guava
kelapa	coconut
langsat	langsat
limau	lime
limau bali	pomelo
limau nipis	lemon
mangga	mango
manggis	mangosteen
nangka	jackfruit
nenas	pineapple
pisang	banana
rambutan	rambutan
tembikai	watermelon

VEGETABLES
Sayur-sayuran

bawang	onion
bayam	spinach
cendawan	mushroom
halia	ginger
kacang bendi	okra
	lady's finger
kacang buncis	french beans

kacang panjang	long beans
kacang tanah	peanut
	groundnut
kobis	cabbage
kunyit	turmeric
labu	pumpkin
lengkuas	wild ginger
lobak	radish
lobak merah	carrot
peria	bitter gourd
salad	lettuce
sawi	mustard green
tauge	bean sprouts
terung	aubergine
	brinjal
timun	cucumber

DRINKS
Minuman

air	water
air kelapa	coconut water
air panas	hot water
air sejuk	cold water
	iced water

INSTANT MALAY FOR TOURISTS

air tebu	sugarcane juice
bir	beer
jus betik	papaya juice
jus buah-buahan	fruit juices
jus kacang soya	soyabean juice
jus nenas	pineapple juice
jus oren	orange juice
jus tembikai	watermelon juice
kopi	coffee
kopi ais	iced coffee
kopi O	black coffee
susu	milk
teh	tea
teh halia	gingered tea
teh susu	tea with milk
teh tanpa susu	tea without milk
teh ais	iced tea
teh limau	lemon tea
teh limau ais	iced lemon tea
teh Cina	Chinese tea
teh Cina ais	iced Chinese tea

3
MOVING AROUND

TRANSPORT
Pengangkutan

aeroplane	*kapalterbang*
bicycle	*basikal*
boat	*bot*
	perahu
	sampan
bus	*bas*
car	*kereta*
commuter	*komuter*
cruise ship	*kapal layar*
express boat	*bot ekspres*
express bus	*bas ekspres*
ferry	*feri*
light rail transit	*transit aliran ringan*
lorry	*lori*
motorcycle	*motosikal*

INSTANT MALAY FOR TOURISTS

ship	*kapal*
train	*keretapi*
trishaw	*beca roda tiga*
truck	*trak*
van	*van*

ROAD SIGNS
Panduan lalulintas di jalanraya

awas	danger
kurangkan laju	slow down
ke lebuhraya	to highway
ke utara	to the north
had laju	speed limit
terowong	tunnel

kawasan kemalangan
   accident area

lampu isyarat	traffic lights

kerja jalan di hadapan
   roadworks ahead

berhenti	stop

tempat letak kereta
   parking space

INSTANT MALAY FOR TOURISTS

di larang letak kereta	
no parking	
lencongan	bend
selekoh	corner
jalan mati	dead end
perlahan	slow
ikut kiri	keep left
ikut kanan	keep right
jalan licin	slippery road
susur	keep to the side

SIGNS AND NOTICES AT AIRPORTS
Papan tanda dan notis di lapangan terbang

masuk	entrance
keluar	exit
ketibaan	arrival
keberangkatan	departure
tandas	toilet
tandas lelaki	gents
tandas perempuan	ladies
balai ketibaan	arrival hall

INSTANT MALAY FOR TOURISTS

balai keberangkatan
  departure hall
pertanyaan   inquiries
penempahan   reservations
pejabat penerangan
  information office
kiri   left
kanan   right
di larang letak kereta
  no parking
dilarang merokok no smoking
restoran   restaurant
kastam   customs
pemeriksaan kastam
  baggage check-in

BUILDINGS
Bangunan

lapangan terbang airport
bank   bank
berhati-hati dengan penyeluk saku
  beware of pickpockets
kedai buku   bookstore
perhentian bas bus stop

INSTANT MALAY FOR TOURISTS

stesen bas	bus station
gereja	church
panggung wayang	cinema
klinik	clinic
untuk orang kurang upaya sahaja	disabled only
estet, ladang	estate, plantation
balai bomba	fire station
gerai buah-buahan	fruit stall
gerai makanan	food stall
hospital, rumah sakit	hospital
pasar	market
pasar malam	night market
masjid	mosque
muzium	museum
istana	palace
stesen minyak	petrol station
stesen polis	police station
pejabat pos	post office
stesen keretapi	railway station
sekolah	school

INSTANT MALAY FOR TOURISTS

kedai	shop
gerai	stall
stesen bawah tanah	
subway station	
kolam berenang	swimming pool
kolam berenang awam	
public swimming pool	
perhentian teksi	taxi stand
tandas	toilet
tandas awam	public toilet

PLACES OF INTEREST
Tempat-tempat menarik

batik-making factory
   kilang membuat batik
beach   *pantai*
bistro   *bistro*
café   *kedai kopi*
coffeeshop   *kedai kopi*
discotheque   *disko*
fishing village   *kampung nelayan*
handicraft centre
   pusat kraftangan

INSTANT MALAY FOR TOURISTS

kite-making centre
  pusat membuat wau
national library *perpustakaan negara*
pub   *pub*
shopping mall *pusat beli-belah*
silvercraft factory
  kilang kraftangan perak
songket-making factory
  kilang menenun songket
theatre   *panggung*
top-making centre
  pusat membuat gasing
zoo   *zoo*
              taman haiwan

DIRECTIONS
Arah

north	*utara*
south	*selatan*
east	*timur*
west	*barat*
left	*kiri*
right	*kanan*
in front	*di hadapan*

INSTANT MALAY FOR TOURISTS

behind	*di belakang*
inside	*di dalam*
outside	*di luar*
next to	*di sebelah*

4
WHAT TO LOOK OUT FOR

MALAYSIAN FESTIVALS
Perayaan-perayaan Malaysia

Muslim festivals
Perayaan Islam

Awal Muharram
Hari Raya Puasa
Hari Raya Haji
Nuzul Qur'an
Prophet Muhammad's Birthday

Chinese festivals
Perayaan Cina

Chinese New Year
Moon Cake Festival
Cheng Beng
Nine Emperor Gods Festival

Hungry Ghosts Festival
Chang Festival

Indian festivals
Perayaan India

Thaipusam
Deepavali
Ponggol

Dayak festival
Perayaan Dayak

Hari Gawai

Christian festivals
Perayaan Kristian

Easter
Good Friday
Christmas

INSTANT MALAY FOR TOURISTS

TRADITIONAL MALAYSIAN COSTUMES
Pakaian tradisional Malaysia

Malay
Melayu

baju kurung
  women's slip-on dress
baju Melayu   men's dress
baju kebaya
  women's blouse with frontal opening
kopiah
  a skullcap worn by men
sarong
  a long piece of thin cloth worn wrapped around the waist of both men and women
selendang   women's shawl
songkok
  a flannel cap worn by men
tudung
  head covering or scarf worn by women

Chinese
Cina

cheongsam	women's dress
samfoo	women's dress

Indians
India

sari, saree
   a dress worn by women, consisting of a very long piece of thin cloth wrapped around the body

salwa kameez	women's dress
dhoti	men's dress
turban	headdress worn by men

POPULAR FOLK ARTS
Seni tradisional popular

wayang kulit	shadowplay
silat	Malay martial arts
main gasing	top spinning
rebana ubi	giant drums
wau	kite flying

CULTURAL SHOWS
Pertunjukan kebudayaan

wayang kulit	shadowplay
Bangsawan	traditional Malay theatre
Chinese opera	traditional Chinese theatre
Nadagam	traditional Indian theatre

5
WHAT TO BUY AND RECREATIONAL ACTIVITIES

SOUVENIRS
Cenderamata

ashtray	*tempat abu rokok*
basketry	*seni anyam-menganyam bakul*
batik	*batik*
batik shirt	*kemeja batik*
book	*buku*
brassware	*barang-barang loyang*
brocade	*songket*
carpet	*permaidani*
clock	*jam*
coffee set	*set kopi*
figurine	*patung kecil*
goblet	*piala*
gold	*emas*
handbag	*beg tangan*

INSTANT MALAY FOR TOURISTS

handkerchief	*sapu tangan*
hat	*topi*
kite	*wau*
	layang-layang
letter opener	*pembuka surat*
mug	*kole*
painting	*lukisan*
pewterware	*piuter*
plaque	*plak*
postcard	*poskad*
pottery	*tembikar*
purse	*dompet*
scarf	*tudung*
screwpine mat	*tikar mengkuang*
silk	*sutera*
silverware	*barang-barang perak*
tablecloth	*alas meja*
tie	*tali leher*
vase	*pasu*
wallet	*dompet*
woodcarving	*ukiran kayu*

SPORTS AND RECREATION
Sukan dan aktiviti rekreasi

deepsea diving	menyelam dasar laut
jungle trekking	
perjalanan jauh dalam hutan	
golfing	bermain golf
seasport	sukan laut
sailing	belayar
sunbathe	
mandi cahaya matahari	
windsurfing	meluncur angin
water skiing	meluncur air
canoeing	berkanu
speedboat rides	naik bot laju
snorkling	mensnorkel
scuba diving	skuba
fishing	memancing
horseracing	lumba kuda
river cruise	belayar makan angin
river rafting	berakit
mountain climbing	
mendaki gunung	
picnicking at waterfalls	
berkelah di air terjun	

6
COMMONLY USED WORDS

PERSONAL PRONOUNS
Ganti nama

I, me	*saya*
you	*awak*
he, him	*dia*
she, her	*dia*
it	*ia*
we, us	*kita, kami*
they, them	*mereka*

COLOURS
Warna

black	*hitam*
blue	*biru*
brown	*coklat*
green	*hijau*

grey	*kelabu*
pink	*merah jambu*
purple	*ungu*
red	*merah*
white	*putih*
yellow	*kuning*

AILMENTS AND DISEASES
Penyakit

bald	*botak*
conscious	*sedar*
blind	*buta*
deaf	*pekak*
dumb	*bisu*
faint	*pengsan*
giddy	*pening*
lame	*tempang*
pale	*pucat*
poison	*racun*
pregnant	*hamil*
pus	*nanah*
scar	*parut*
swollen	*bengkak*

INSTANT MALAY FOR TOURISTS

vomit	*muntah*
wound	*luka*
abscess	*barah*
asthma	*sakit lelah*
blind	*buta*
boil	*bisul*
cancer	*barah*
chicken pox	*cacar*
cholera	*penyakit taun*
cold	*selsema*
constipation	*sembelit*
cough	*batuk*
deaf	*pekak*
diabetes	*kencing manis*
diarrhoea	*cirit birit*
epilepsy	*sawan babi*
fever	*demam*
gonorrhoea	*kencing nanah*
headache	*sakit kepala*
influenza	*demam selsema*
jaundice	*demam kuning*
leprosy	*kusta*
malaria	*demam kura*
measles	*campak*

INSTANT MALAY FOR TOURISTS

mumps	*beguk*
pneumonia	*radang paru paru*
rheumatism	*sakit sengal tulang*
ringworm	*kurap*
small-pox	*cacar*
stomache	*sakit perut*
syphilis	*penyakit kelamin*
toothache	*sakit gigi*
tuberculosis	*batuk kering*
typhoid	*demam kepialu*
whooping cough	
batuk ayam	

DAYS OF THE WEEK
Hari-hari dalam minggu

Sunday	*Ahad*
Monday	*Isnin*
Tuesday	*Selasa*
Wednesday	*Rabu*
Thursday	*Khamis*
Friday	*Jumaat*
Saturday	*Sabtu*

INSTANT MALAY FOR TOURISTS

PARTS OF THE HEAD
Bahagian kepala

brain	*otak*
cheek	*pipi*
chin	*dagu*
ear	*telinga*
eye	*mata*
eye brows	*bulu kening*
face	*muka*
forehead	*dahi*
hair	*rambut*
head	*kepala*
lip	*bibir*
mouth	*mulut*
nose	*hidung*
teeth	*gigi*
tongue	*lidah*

PARTS OF THE BODY
Anggota badan

abdomen	*badan*
arm	*lengan*

INSTANT MALAY FOR TOURISTS

breast	*tetek*
buttocks	*punggung*
chest	*dada*
ear	*telinga*
elbow	*siku*
eye	*mata*
face	*muka*
fingers	*jari*
hand	*tangan*
heart	*jantung*
heel	*tumit*
intestines	*usus*
knee	*lutut*
knee-cap	*kepala lutut*
leg	*kaki*
liver	*hati*
lungs	*paru-paru*
neck	*leher*
palm	*tapak tangan*
sole	*tapak kaki*
shoulder	*bahu*
stomach	*perut*
thigh	*peha*
wrist	*pergelangan tangan*

INSTANT MALAY FOR TOURISTS

OTHER USEFUL WORDS
Perkataan-perkataan lain yang berguna

go	*pergi*
blood	*darah*
building	*bangunan*
cash	*tunai*
cheap	*murah*
cheque	*cek*
cigarettes	*rokok*
clock	*jam*
coat	*kot*
coins	*syiling*
day	*hari*
duty free	*bebas cukai*
earlier	*tadi*
exchange rate	*kadar pertukaran*
expensive	*mahal*
fainted	*pengsan*
fare	*tambang*
flight number	*nombor penerbangan*
flower	*bunga*
hat	*topi*

INSTANT MALAY FOR TOURISTS

highway	*lebuhraya*
hour	*jam*
identification card	*kad pengenalan*
in a moment	*sebentar*
later	*nanti*
message	*pesanan*
minute	*minit*
mistake	*kesalahan*
money	*duit*
money changer	*pengurup wang*
month	*bulan*
necktie	*tali leher*
now	*sekarang*
perfume	*minyak wangi*
phone booth	*pondek telefon*
pyjamas	*baju tidur*
raincoat	*baju hujan*
reduction	*potongan*
reserved	*tempah*
shirt	*kemaja*
shoes	*kasut*
shorts	*seluar pendek*
socks	*sarung kaki*

souvenirs	*cenderamata*
suitcases	*beg pakaian*
today	*hari ini*
tomorrow	*esok*
toothbrush	*berus gigi*
toothpaste	*ubat gigi*
towel	*tuala*
trousers	*seluar panjang*
underwear	*seluar dalam*
village	*kampung*
waiting room	*bilik menunggu*
washroom	*bilik air*
watch	*jam tangan*
week	*minggu*
year	*tahun*
yesterday	*kelmarin*

USEFUL SENTENCES FOR DAILY CONVERSATION
Perbualan harian

Making introductions
Memperkenalkan

INSTANT MALAY FOR TOURISTS

What is your name?
Siapa nama anda?

My name is Mary.
Nama saya Mary.

Miss Jane Lee, let me introduce Mr John Wong.
Cik Jane Lee, marilah saya perkenalkan Encik John Wong.

Miss Jane Lee, this is Mr John Wong.
Cik Jane Lee, ini Encik John Wong.

Let me introduce myself. My name is Robert Tan.
Saya perkenalkan diri saya. Nama saya Robert Tan.

I'm glad to meet you.
Saya senang berkenalan dengan anda.

Jim, I would like you to meet my friend, Mr Richard Lee.

INSTANT MALAY FOR TOURISTS

*Jim, saya ingin anda berkenalan
dengan kawan saya, Encik
Richard Lee.*

I've heard a great deal about you.
*Saya sudah banyak sekali
mendengar tentang tuan.*

Excuse me, I didn't quite catch
your name.
*Maaf, saya kurang dapat
menangkap nama tuan.*

GREETINGS
Ucapan selamat

Good morning	Selamat pagi
Good afternoon	Selamat tengahari
Good evening	Selamat petang
Good night	Selamat malam
Hello	Halo
How are you?	Apa khabar?

Fine, thank you.
Khabar baik, terima kasih.

INSTANT MALAY FOR TOURISTS

Good morning, ladies and gentlemen
Selamat pagi, tuan-tuan dan puan-puan
Welcome! *Selamat datang!*
Happy birthday! *Selamat harijadi!*
Congratulations! *Tahniah!*

FESTIVE GREETINGS
Ucapan perayaan

Happy New Year!
 Selamat Tahun Baru!
Merry Christmas!
 Selamat Hari Krismas!

APOLOGIES
Meminta maaf

Sorry *Maaf*
I am sorry. *Saya minta maaf.*
Excuse me. *Maafkan saya.*
Please forgive me.
 Tolong maafkan saya.

Please excuse me for my mistake.
Tolong maafkan kesalahan saya.
Sorry, I am late.
Maaf, saya terlambat.
I'm sorry I can't help you.
Maaflah saya tidak dapat menolong anda.
I apologise.
Saya minta maaf.
I must apologise to you.
Saya mesti minta maaf pada awak.
I'm sorry, I cannot come.
Maaf, saya tidak dapat datang.
I hope you'll not be angry.
Saya harap anda tidak marah.
I'm sorry to have troubled you.
Maaf, saya telah mengganggu anda.
I apologise for what I said.
Saya minta maaf atas apa yang telah saya ucapkan.
I'm sorry, I don't understand.
Maaf, saya tidak faham.
Excuse me for a moment.
Maafkan saya sebentar.

INSTANT MALAY FOR TOURISTS

PARTINGS
Ucapan perpisahan

Goodbye	Selamat tinggal
Bye bye	Selamat jalan
See you later	Sampai berjumpa lagi
See you tonight	Sampai berjumpa malam nanti

See you on Monday
  Sampai berjumpa pada hari Isnin

Cheerio!	Jumpa lagi
Good luck!	Selamat

Till we meet again
  Sampai berjumpa lagi

I must be going now. Goodbye.
  Saya harus pergi sekarang. Selamat tinggal.

See you tomorrow morning.
  Hingga jumpa lagi pagi esok.

THANKING
Ucapan terima kasih

Thank you	Terima kasih
Thanks	Terima kasih

Thank you very much
  Terima kasih banyak-banyak
Thanks a lot
  Terima kasih banyak-banyak
Thank you so much
  Terima kasih banyak-banyak
Thanks for everything
  Terima kasih atas segalanya
Thanks for your help
  Terima kasih atas pertolongan anda
Thank you for all your trouble
  Terima kasih atas segala susah payah anda
No, thank you
  Tidak, terima kasih

CONGRATULATING
Mengucap tahniah

Congratulations!
Tahniah!

Congratulations on your success!
Tahniah atas kejayaan anda!

Congratulations to you!
Tahniah kepada anda!

My congratulations to you on your promotion.
Tahniah atas kenaikkan pangkat anda.

Congratulations on passing your exam
Tahniah atas kejayaan anda dalam peperiksaan.

Congratulations on your engagement.
Tahniah atas pertunangan anda.

ANNOUNCEMENTS AT THE AIRPORT
Pengumuman di lapangan terbang

Your attention please. Flight No SQ 198 is now leaving for London. Singapore Airlines announces the departure of Flight No SQ 198 for London.

INSTANT MALAY FOR TOURISTS

Perhatian. Penerbangan No SQ 198 akan berangkat ke London. Penerbangan Singapore Airlines mengumumkan keberangkatan pesawat dengan penerbangan No SQ 198 menuju ke London.

Malaysian Airlines Flight No 747 for Bombay is now ready for boarding. All passengers are requested to proceed to Gate D26.
Penerbangan Malaysian Airlines Flight No 747 ke Bombay sudah sedia. Semua penumpang di minta datang ke Gate D26.

ANNOUNCEMENTS IN THE PLANE
Pengumuman di dalam pesawat

Good evening, ladies and gentlemen. We wish to welcome you on this flight. We have just left Kuala Lumpur International Airport.

INSTANT MALAY FOR TOURISTS

Selamat petang, tuan tuan dan puan puan. Kami ingin menyambut anda dalam penerbangan ini. Kami baru sahaja berlepas dari Lapangan Antarabangsa Kuala Lumpur.

Ladies and gentlemen, may I have your attention, please. We will be landing at Heathrow International Airport in ten minutes. Please fasten your seat belts and refrain from smoking.

Tuan tuan dan puan puan, minta perhatian. Kini kita akan mendarat di Lapangan Terbang Antarabangsa Heathrow dalam masa sepuluh minit. Tolong pasangkan tali pinggang dan janganlah merokok.

The 'Fasten Seat Belt' sign is off.
Isyarat 'Pasangkan Tali Pinggang' sudah padam.

INSTANT MALAY FOR TOURISTS

WHEN THE PLANE IS LANDING
Apabila pesawat sedang mendarat

Please remain in your seat until the aircraft comes to a complete stop. The local time here is 2.00p.m. We hope that you have enjoyed your journey.
Di minta tunggu di tempat duduk sehingga pesawat berhenti. Waktu tempatan ialah pukul 2 petang. Kami harap anda seronok sepanjang perjalanan anda.

AT THE IMMIGRATION
Di imigresen

Passport, please.
Tolong tunjukkan pasport.

Here's my passport.
Ini pasport saya.

How long do you intend to stay?
Berapa lama anda ingin tinggal di sini?

I intend to stay a month.
Saya ingin tinggal selama sebulan.

AT THE CUSTOMS
Di kastam

Please open your luggage.
Tolong buka beg anda.

These are all I have.
Inilah barang-barang yang saya ada.

Do you have anything to declare?
Adakah anda mempunyai barang-barang yang harus di kenakan cukai?

I have nothing to declare.
Saya tidak ada barang yang hendak di tunjukkan/yang harus di kenakan cukai.

INSTANT MALAY FOR TOURISTS

Do you have any alcoholic beverages, tobacco or perfume?
Adakah anda ada membawa minuman keras, tembakau atau minyak wangi?

Do you have any other gifts?
Adakah anda membawa hadiah yang lain?

This is a souvenir for my friend.
Ini cenderamata untuk kawan saya.

The rest are for my personal use.
Yang lain untuk kegunaan sendiri.

This is taxable.
Ini di kenakan cukai.

How much much must I pay?
Berapa saya kena bayar?

My bag is lost.
Beg saya hilang.

INSTANT MALAY FOR TOURISTS

AT THE INFORMATION OFFICE
Di pejabat penerangan

Is there a car-rental service here?
Adakah perkhidmatan kereta untuk disewa di sini?

Is there a taxi stand nearby?
Adakah perhentian teksi dekat sini?

Is there a bus service from here to town?
Adakah bas dari sini ke bandar?
How far is it?
Berapa jauh?

Is there a hotel in this airport?
Adakah hotel di lapangan terbang ini?

TAXIS
Teksi

Please call a taxi for me.
Tolong panggilkan saya teksi.

INSTANT MALAY FOR TOURISTS

Where can I get a taxi?
Di mana boleh saya dapat teksi?

I would prefer an air-conditioned taxi.
Saya lebih suka teksi berhawa dingin.

How much is the fare?
Berapa tambangnya?

Can you take me to a good hotel?
Bolehkah anda bawa saya ke hotel yang baik?

Where to?
Hendak ke mana?

Please go to the airport.
Tolong pergi ke lapangan terbang.

Please hurry.
Tolong pandu dengan cepat.

CAR RENTAL
Kereta sewa

I would like to rent a car.
Saya hendak sewa kereta.

Where can I rent a car?
Di mana saya boleh sewa kereta?

What are the charges like?
Berapakah bayarannya?

I want to buy a road map.
Saya hendak beli peta jalanraya.

This is my international driving licence.
Ini lesen pemandu antarabangsa saya.

I want to rent a car for a week.
Saya hendak sewa sebuah kereta untuk seminggu.

AT THE HOTEL
Di hotel

Do you have a room?
Adakah bilik kosong?

I want a room with a single bed.
Saya mahu bilik katil bujang.

I want a room with a double bed.
Saya mahu bilik katil kelamin.

I want a room with twin beds.
Saya mahu bilik katil kembar.

I would like an air-conditioned room.
Saya mahu bilik berhawa dingin.

I would like a room with an attached bathroom.
Saya mahu bilik yang ada bilik mandi.

What is the room charge for one night?
Berapakah sewa bilik untuk satu malam?

I want to stay for two days.
Saya hendak tinggal di sini selama dua hari.

What time must I check out?
Pukul berapa masa keluar?

What is my room nombor?
Apa nombor bilik saya?

Please call me at six tomorrow morning.
Tolong bangunkan saya pukul enam pagi esok.

AT THE RAILWAY STATION
Di stesen keretapi

At what time does the train leave?
Keretapi bertolak pada pukul berapa?

INSTANT MALAY FOR TOURISTS

At what time will the express train from Kuala Lumpur arrive?
Pukul berapa keretapi ekspres dari Kuala Lumpur akan tiba?

At what time will the train arrive at Penang?
Pukul berapa keretapi akan tiba di Pulau Pinang?

How much is the fare from here to Ipoh?
Berapa tambangnya dari sini ke Ipoh?

Does this train go to Johor Bahru?
Adakah keretapi ini pergi ke Johor Bahru?

Do I have to change the train at Kuala Lumpur?
Perlukah saya tukar keretapi yang lain di Kuala Lumpur?

INSTANT MALAY FOR TOURISTS

What is the platform number?
Apa nombor platformnya?

The train arrived on time.
Keretapi telah tiba tepat masanya.

The train was one hour late.
Keretapi itu terlewat satu jam.

One ticket for adult and two tickets for children, please.
Tolong beri saya satu tiket untuk dewasa dan dua tiket untuk kanak-kanak.

AT THE BUS STATION
Di stesen bas

Does this bus go to Penang Street?
Adakah bas ini menuju ke Penang Street?

What is the bus fare from here to Ipoh?
Berapa tambang bas dari sini ke Ipoh?

Is there any express bus running north?
Adakah bas ekspres yang menuju ke utara?

Which bus should I take at Petaling Jaya?
Saya harus naik bas yang mana di Petaling Jaya?

AT THE RESTAURANT
Di *restoran*

I am hungry.
Saya lapar.

I am thirsty.
Saya dahaga.

INSTANT MALAY FOR TOURISTS

Menu, please.
Tolong bawa menu.

What are your specialities?
Apa hidangan hidangan istimewa di sini?

What is today's special?
Apakah hidangan khas hari ini?

Please give me a spoon and fork.
Tolong beri saya sudu dan garpu.

This food is delicious.
Makanan ini sangat sedap.

My bill, please.
Tolong bawa bil saya.

Do you accept credit cards?
Anda terima tak kad kredit?

May I use the telephone?
Boleh saya guna telefon?

AT THE BANK
Semasa di bank

I want to cash this cheque.
Saya hendak tukarkan cek ini kepada wang tunai.

I would like to cash this traveller's cheque.
Saya hendak tukarkan cek pengembara ini kepada wang tunai.

I want to open an account.
Saya mahu buka akaun.

What is the exchange rate today?
Berapakah kadar pertukaran hari ini?

How much is the commission?
Berapakah komisennya?

Please change the Japanese Yen to the Malaysian Ringgit.
Tolong tukarkan Yen Jepun kepada Ringgit Malaysia.

INSTANT MALAY FOR TOURISTS

I want to change American dollars.
Saya hendak tukar dolar Amerika.

Sorry, you cannot withdraw your money.
Maaf, duit anda tidak boleh di keluarkan.

Please give me some small change.
Tolong beri saya duit kecil.

Please sign at the back of the cheque.
Tolong tandatangan di belakang cek.

Please queue up.
Tolong beratur.

Fill this form, please.
Isilah borang ini.

INSTANT MALAY FOR TOURISTS

AT THE POST OFFICE
Di pejabat pos

I would like to post this letter.
Saya hendak kirim surat ini.

I want to buy stamps.
Saya hendak beli setem.

I want a money order form.
Saya hendak borang kiriman wang.

How much does it cost to send by registered mail?
Berapa harganya untuk kiriman melalui pos berdaftar?

How much does it cost to send it by air mail?
Berapa harganya untuk kiriman melalui pos udara?

Please send it by sea mail.
Tolong kirimkan melalui pos laut.

Please send it by express mail.
Tolong kirimkan melalui pos ekspres.

INSTANT MALAY FOR TOURISTS

I would like to send a telegram.
Saya hendak kirim telegram.

What is the charge per word?
*Berapa bayaran untuk satu
   perkataan?*

Please weigh this parcel.
Tolong timbang bungkusan ini.

AT THE CLINIC OR HOSPITAL
   Di klinik atau hospital

I am ill.
I am not feeling well.
Saya tidak sihat.

I need to see a doctor.
Saya hendak berjumpa doktor.

Please send for a doctor.
Tolong panggilkan doktor.

I've got a temperature.
Saya demam.

I've got a bad cold.
Saya kena selsema yang teruk.

I've got a stomache.
Saya sakit perut.

I have a cough.
Saya batuk.

I've got a headache.
Saya sakit kepala.

I have diarrhoea.
Saya kena ceret-beret.

SIGHTSEEING
Melancong

I want a guide who speaks English.
Saya mahu pemandu yang boleh cakap Inggeris.

What is the charge per day?
Berapakah bayaran untuk satu hari?

INSTANT MALAY FOR TOURISTS

Please recommend some places of interests.
Tolong syorkan beberapa tempat yang menarik.

I would like to visit the National Mosque.
Saya hendak melawat Mesjid Negara.

How do I go there?
Bagaimana saya boleh pergi ke sana?

Are there souvenirs that I can buy?
Adakah cenderamata yang saya boleh beli?

Is there an entrance fee?
Adakah bayaran masuk?

May I take photographs?
Boleh saya ambil gambar?

INSTANT MALAY FOR TOURISTS

Must I take off my shoes?
Perlukah saya tanggalkan kasut?

Where is the exit?
Di mana tempat keluar?

I'm tired.
Saya penat.

I would like to rest.
Saya hendak berehat.

I would like to go on a city tour.
Saya ingin melancong ke bandar.

When does the coach leave?
Bila bas bertolak?

How long does it take to reach there?
Berapa lama mengambil masa untuk tiba di sana?

Where can I see a cultural show?
Di mana ada pertunjukan kebudayaan?

I would like to watch a traditional dance.
Saya hendak menyaksi tarian tradisional.

I would like to listen to traditional music.
Saya hendak muzik tradisional.

I would like to see traditional costumes.
Saya hendak tengok pakaian tradisional.

ASKING AND GIVING DIRECTIONS
Meminta dan memberi arah

Excuse me, can you tell me the way to Putrajaya?
Maafkan saya, dapatkah anda tunjukkan saya jalan ke Putrajaya?

INSTANT MALAY FOR TOURISTS

Excuse me, I'm looking for this address. Can you direct me?
Maafkan saya, saya sedang mencari alamat ini. Dapatkah anda tunjukkan saya jalannya?

Go straight ahead.
Jalan terus.

Follow the main road.
Ikut jalanrayanya.

Let me draw you a map.
Biar saya buatkan peta untuk anda.

SHOPPING: HOW TO BUY AND BARGAIN
Membeli belah: bagaimana membeli dan menawar

I am just looking around.
Saya hanya melihat-lihat sahaja.

I want to buy a bag.
Saya hendak beli sebuah beg.

INSTANT MALAY FOR TOURISTS

How much is this?
Berapa harga ini?

Can you reduce the price?
Boleh anda kurangkan harga?

It is too expensive.
Ia terlalu mahal.

What is the size?
Berapakah saiznya?

Have you got a larger size?
Adakah saiz yang lebih besar?

Have you got a smaller size?
Adakah saiz yang lebih kecil?

I don't like the colour.
Saya tidak suka warnanya.

Do you have a different colour?
Adakah warna yang lain?

Is that your lowest price?
Adakah itu harga yang paling rendah?

INSTANT MALAY FOR TOURISTS

Have you something cheaper?
Adakah yang lebih murah?

What is this material made of?
Ini dibuat daripada bahan apa?

It is fixed price.
Ini harga tetap.

This is of good quality.
Barang ini bermutu tinggi.

This is guaranteed for a year.
Ini dijamin selama setahun.

Does the colour run?
Warnanya turun tak?

Can I change this for another?
Bolehkah saya tukarkan ini untuk yang lain.

I will take this.
Saya akan ambil ini.

INSTANT MALAY FOR TOURISTS

Please wrap them up separately.
Tolong bungkuskan berasingan.

Please give me a bill.
Tolong berikan saya bil.

Do you accept credit cards?
Adakah anda menerima kad kredit?

Please give me a receipt.
Tolong beri saya resit.

I shall pay upon delivery.
Saya akan bayar apabila menerimanya.

TALKING ABOUT THE WEATHER
Berbual tentang cuaca

The weather today is fine.
Cuaca hari ini baik.

It is raining heavily today.
Hari ini hujan lebat.

The weather today is very hot.
Cuaca hari ini sangat panas.

The wind is very strong.
Angin bertiup sangat kuat.

It is very cold tonight.
Malam ini sangat sejuk.

It was drizzling this morning.
Pagi tadi hujan renyai-renyai.

HOW TO GIVE COMPLIMENTS
Memuji

Your apartment is big.
Pangsapuri anda besar.

This girl is beautiful.
Perempuan ini cantik.

The food is delicious.
Makanan ini sedap.

INSTANT MALAY FOR TOURISTS

This place is clean.
Tempat ini bersih.

These fruits are sweet.
Buah-buahan ini manis.

He is a good boy.
Dia adalah budak yang baik.

He is very friendly.
Dia sangat peramah.

The people here are very helpful.
Orang di sini suka menolong.

I like the food here. It is very tasty.
Saya suka makanan di sini. Rasanya sungguh sedap.

The scenery here is very beautiful.
Pemandangan di sini sungguh menarik.

This town is very interesting and historical.
Bandar ini sungguh menarik dan bersejarah.

ASKING FOR AND GIVING PERSONAL DETAILS
Menanya dan memberi butir-butir diri

What is your name?
Siapa nama anda?

My name is Tom.
Nama saya Tom.

How old are you?
Berapa umur anda?

I am twenty years old
Umur saya dua puluh tahun.

What is your height?
Berapa tinggi anda?

INSTANT MALAY FOR TOURISTS

I am five feet tall.
Tinggi saya lima kaki.

What is your weight?
Berapa berat anda?

I weigh 50 kilogrammes.
Berat saya 50 kilogram.

What is your nationality?
Apa bangsa anda?

I am a Malaysian.
Saya bangsa Malaysia.

Are you married?
Anda sudah kahwin?

Yes, sir.
Ya, tuan.

Do you have any children?
Anda ada anakkah?

Yes, I have two sons.
Ya. Saya ada dua orang lelaki.

INSTANT MALAY FOR TOURISTS

MAKING TELEPHONE CALLS
Membuat panggilan telefon

Is this 24687986?
Adakah ini 24687986?

Yes. Whom do you want to speak to?
Ya. Anda hendak bercakap dengan siapa?

May I speak to Mr Tan please?
Bolehkah saya bercakap dengan Encik Tan?

I'm sorry, he's not in. He hasn't returned from his office yet.
Maafkan saya, dia tidak ada. Dia belum pulang lagi dari pejabatnya.

Well, I'll call him again later.
Baiklah, saya akan telefon kemudian.

INSTANT MALAY FOR TOURISTS

Hello, may I speak to Mr Lee?
Halo, Boleh saya bercakap dengan Encik Lee?

Yes. Will you hold the line for a moment?
Ya. Bolehkah anda menunggu sebentar?

Good morning, Legend Hotel.
Selamat pagi, Legend Hotel.

May I speak to Miss Jane of room 821 please?
Bolehkah saya bercakap dengan Cik Jane dari bilik 821?

I'm sorry sir, the line is busy. Will you please hold on?
Maaf encik, taliannya sedang sibuk. Bolehkah anda tunggu sebentar?

I'll call back again. Thank you.
Saya akan panggil balik. Terima kasih.

INSTANT MALAY FOR TOURISTS

ASKING WHERE THE TOILET IS
Menanya di mana tandas

Excuse me, may I know where the toilet is?
Maafkan saya, di mana tandas?

Go straight, then turn left.
Jalan terus, kemudian belok ke kiri.

Thank you.
Terima kasih.

ASKING ABOUT TIME
Menanya tentang waktu

Excuse me. What time is it now?
Maafkan saya. Pukul berapa sekarang?

It's two o'clock.
Sekarang pukul dua.

INSTANT MALAY FOR TOURISTS

What time does the LRT leave the station?
Pukul berapa LRT bertolak dari stesen?

At about five o'clock.
Lebih kurang pukul lima.

Thank you for your information.
Terima kasih atas keterangan anda.

You're welcome.
Sama-sama.

SEEKING HELP ON THE ROAD
Meminta bantuan di jalanraya

I'm sorry to trouble you.
Maafkan saya kerana mengganggu anda.

What can I do for you?
Apa yang saya boleh buat untuk anda?

INSTANT MALAY FOR TOURISTS

My car has broken down. Can you help me to push the car?
Kereta saya rosak. Bolehkah anda tolong menolak kereta saya?

BORROWING SOMETHING
Meminjam sesuatu

May I borrow your handphone?
Bolehkah saya pinjam telefon bimbit anda?

Certainly, here you are.
Tentu boleh, ini telefon bimbit saya.

Thank you.
Terima kasih.

VISITING A SICK FRIEND
Melawat kawan yang sakit

How are you?
Apa khabar?

I'm not feeling well. I have a high fever and diarrhoea since yesterday.
Saya kurang sihat. Saya demam panas dan cirit-birit semenjak kelmarin.

Have you seen the doctor?
Anda sudah jumpa doktorkah?

Yes, the doctor gave me two days' medical leave.
Ya, doktor beri saya cuti sakit dua hari.

I hope you'll be feeling better.
Saya harap anda akan cepat sembuh.

Thank you.
Terima kasih.

INSTANT MALAY FOR TOURISTS

What is going on here?
Apa yang terjadi di sini?

What is the matter?
Apa yang terjadi?

What did you buy?
Apa anda beli?

When will it be ready?
Bila boleh siap?

When are you going to town?
Bila anda hendak ke bandar?

When will the bus arrive?
Bila bas akan tiba?

Where are you going?
Ke mana anda hendak pergi?

Where do you live?
Di mana anda tinggal?

INSTANT MALAY FOR TOURISTS

Where is the taxi station?
Dimanakah stesen teksi?

Which is the road to town?
Yang mana jalan ke bandar?

Which is the way out?
Yang mana jalan keluar?

Which do you prefer?
Yang mana anda suka?

Who took the book?
Siapa ambil buku itu?

Who is that woman?
Siapa perempuan itu?

Whose book is this?
Siapa punya buku ini?

Why do you learn English?
Mengapa anda belajar Bahasa Inggeris?

How are you?
Apa khabar?

How did it happen?
Bagaimana ia berlaku?

Requesting [*Meminta*]
Could you wrap this book for me, please?
Bolehkah anda tolong bungkuskan buku ini untuk saya?

Excuse me. Do you think you could buy me some stamps, please?
Maaf, bolehkah anda tolong belikan setem?

Asking about preferences
[*Menanya tentang pilihan*]
Do you prefer the red or the black dress?
Anda lebih suka baju yang merah atau hitam?

What's your favourite colour?
Apa warna kegemaran anda?

Persuading [*Memujuk*]
Please give me another opportunity. I'll try my best.
Tolong beri saya peluang lagi. Saya akan usaha lagi.

Won't you let me try again, please?
Bolehkah anda biar saya cuba lagi?

Complaining [*Merungut/Mengadu*]
I want to complain about this book I bought yesterday.
Saya hendak mengadu tentang buku yang saya beli semalam.

Well, this is most unsatisfactory. The service in this hotel is poor.
Perkhidmatan di hotel ini tidak memuaskan.

INSTANT MALAY FOR TOURISTS

Reminding [Mengingatkan]
Please don't forget to buy the book for me.
Jangan lupa beli buku itu untuk saya.

Will you please remember to post the letter tomorrow?
Bolehkah anda tolong pos surat itu esok?

Expressing surprise [Terkejut/Terperanjat]
Oh, that's amazing!
Oh, itu mengagumkan!

Are you serious?
Anda seriuskah?

Giving reasons [Memberi sebab-sebab]
The reason was that the bus was late.
Sebabnya ialah bas lambat.

Let me explain.
Biar saya terangkan.

Expressing dislikes [*Tidak suka sesuatu*]

I'm afraid I don't like the meat.
Saya tidak suka daging.

Fish is not one of my favourite food.
Ikan bukan salah satu makanan kegemaran saya.

Expressing likes [*Kegemaran*]

I like to go fishing.
Saya suka pergi memancing.

I enjoy reading books.
Saya suka membaca buku.

Asking for help [*Meminta pertolongan*]

Help! Help!
Tolong! Tolong!

INSTANT MALAY FOR TOURISTS

Please call the police.
Tolong panggil polis.

Please call the fire brigade.
Tolong panggil bomba.

Please call the ambulance.
Tolong panggil ambulans.

Please call a doctor.
Tolong panggil doktor.

I've been robbed.
Saya kena rompak.

My bag has been stolen.
Beg saya dicuri.

I've lost my passport.
Pasport saya hilang.

I'm in great pain.
Saya kesakitan.

INSTANT MALAY FOR TOURISTS

PHRASES TO USE WHEN YOU WANT TO MAKE CONTACT
Frasa-frasa yang digunakan bila anda berhubung dengan orang lain

To greet [*Memberi salam*]
   Formal [*Rasmi*]
   Good morning, sir.
   Selamat pagi, tuan.
   Informal [*Tidak rasmi*]
   Hello, John!
   Hallo, John!

To introduce [*Memperkenalkan*]
   My name is Mary.
   Nama saya Mary.

   Jason, this is my friend, David.
   Jason, ini kawan saya, David.

To interrupt [*Mengganggu*]
   Excuse me, may I have a word with you?
   Minta maaf, bolehkah saya bercakap dengan awak?

INSTANT MALAY FOR TOURISTS

To take leave [*Meminta diri*]
   I have to go now.
   Saya hendak pergi sekarang.

To welcome [*Mengalu-alukan*]
   Welcome to the party.
   Selamat datang ke majlis ini.

To wish [*Mengucapkan*]
   Happy New Year
   Selamat Tahun Baru

PHRASES TO USE WHEN YOU WANT TO GIVE INFORMATION
Frasa-frasa yang digunakan semasa hendak memberi maklumat

To announce [*Mengumumkan*]
   There will be a football practice this evening.
   Latihan bola sepak akan diadakan petang ini.

To brief [Memberi taklimat]
The event will start at seven o'clock sharp. All participants are to assemble at the school hall.
Acara itu akan mula pada pukul tujuh tepat. Semua peserta dikehendaki berhimpun di dewan sekolah.

To clarify [Menjelaskan]
It's a mistake. You should come on Monday, not today.
Ini adalah kesilapan. Kamu patut datang pada hari Isnin, bukan hari ini.

To confirm [Memastikan]
It's true, he failed to complete the course.
Betul, dia gagal menamatkan kursus itu.

INSTANT MALAY FOR TOURISTS

To describe [Menggambarkan]
It is a terraced house with three rooms and a garage at the back.
Ia adalah sebuah rumah deret dengan tiga buah bilik dan sebuah garaj di belakang.

To direct [Menunjuk arah]
Go along this road until you come to the second junction and turn right.
Ikut sepanjang jalan ini sehingga awak tiba di simpang yang kedua dan belok kanan.

To explain [Menerangkan]
I have to send my sick mother to the hospital before going to work.
Saya terpaksa menghantar emak saya yang sakit ke hospital sebelum pergi kerja.

INSTANT MALAY FOR TOURISTS

To inform [Memaklumkan]
   Your daughter has met with an accident.
   Anak perempuan kamu di timpa kemalangan.

To instruct [Mengarah]
   Before you begin you must have all the things you need.
   Sebelum awak mula, awak mesti menyediakan semua bahan yang awak perlu.

To summarise [Meringkaskan]
   In short, eat more fruits for good health.
   Secara ringkas, makanlah lebih buah-buahan untuk kesihatan yang baik.

PHRASES TO USE WHEN YOU WANT TO REQUEST INFORMATION
Frasa-frasa yang digunakan semasa meminta maklumat

To ask [Menanya]
Where did you go during the holidays?
Kemana awak pergi pada masa cuti?

To ask for permission [Meminta kebenaran]
May I go home now?
Bolehkah saya pulang sekarang?

To inquire or enquire [Menyoal]
Is this the way to the waterfalls?
Inikah jalan ke air terjun?

To interrogate [Menyiasat]
Where were you at ten o'clock last night? Who were you with?

Di mana awak berada pada pukul sepuluh malam semalam? Siapa yang berada dengan kamu?

RESPONDING TO STATEMENTS AND ACTIONS MADE BY OTHER PEOPLE
Membalas kepada kenyataan dan tindakan orang lain

To accept [Menerima]
That is a good suggestion.
Itu adalah cadangan yang baik.

To allow [Membenarkan]
You may leave now.
Awak boleh pulang sekarang.

To apologise [Meminta maaf]
Please forgive me.
Tolong maafkan saya.

To assure [Meyakinkan]
Do not worry.
Jangan risau.

To comfort [Menyenangkan]
Don't worry, it will be all right.
Jangan risau, tidak ada apa-apa.

To compliment [Memuji]
You have done an excellent job.
Awak telah menjalankan tugas yang cemerlang.

To decline [Menolak]
I am sorry, I cannot attend the function.
Saya minta maaf, saya tidak boleh menghadiri jamuan itu.

To demand [Menuntut]
I want your explanation.
Saya hendak penjelasan awak.

To deny [Menafikan]
That is not true.
Itu tidak benar.

INSTANT MALAY FOR TOURISTS

To disagree [*Tidak setuju*]
I do not agree with you.
Saya tidak setuju dengan awak.

To excuse [*Memaafkan*]
You are forgiven.
Awak dimaafkan.

To invite [*Menjemput*]
Would you like to join me on a picnic?
Hendakkah awak ikut saya berkelah?

To offer [*Menawarkan*]
Can I help you?
Bolehkah saya tolong awak?

To pacify [*Menenangkan*]
Please calm down.
Tolong tenang semula.

To promise [*Menjanjikan*]
I promise to write to you.
Saya berjanji menulis kepada kamu.

To protest [Membantah]
I want to protest. That is not fair.
Saya membantah. Itu tidak adil.

To reason [Memberi alasan]
You should not have gone to the park because it was raining heavily.
Awak tidak patut pergi ke taman kerana hujan lebat.

To reproach [Menegur]
How dare you speak to me like that!
Berani awak bercakap kepada saya begini!

To volunteer [Menawarkan diri]
I will do the job.
Saya akan buat tugas itu.

PHRASES TO USE WHEN YOU WANT TO SHOW YOUR FEELINGS OR EMOTIONS
Frasa-frasa yang digunakan untuk mencurahkan perasaan atau emosi

Admiration [*Kekaguman*]
What a beautiful house!
Amboi, cantiknya rumah ini!

Anger [*Perasaan marah*]
I'm furious with her.
Saya sangat marah dengannya.

Anxiety [*Kebimbangan*]
Oh! No! What must I do?
Oh! Apa patut saya buat?

Appreciation [*Penghargaan*]
Thank you for your care.
Terima kasih kerana mengambil berat.

Concern [Mengambil berat]
    How are you now?
    Apa khabar sekarang?

Condolence [Takziah]
    Sorry to hear about the demise of your mother.
    Saya sedih mendengar tentang kematian emak awak.

Delight [Suka hati]
    We are lucky to be here.
    Kita bernasib baik berada di sini.

Disappointment [Kekecewaan]
    It was such a poor performance.
    Ia adalah pertunjukan yang mengecewakan.

Disbelief [Tidak percaya]
    That's not possible.
    Tidak mungkin.

INSTANT MALAY FOR TOURISTS

Disgust [*Perasaan meluat*]
Ugh! This toilet is really a mess.
Ugh! Tandas ini sangat kotor.

Dislike [*Tidak suka*]
I dislike fishing.
Saya tidak suka memancing ikan.

Dismay [*Terkejut*]
Oh! What am I going to do?
Oh! Apa harus saya buat?

Dissatisfaction [*Rasa tidak puas hati*]
Surely you can do better than this.
Awak tentu boleh buat lebih baik daripada ini.

Envy [*Cemburu*]
How I wish I were you.
Saya ingin jadi seperti awak.

Hope [*Harapan*]
I hope to pass with flying colours.
Saya harap saya dapat lulus dengan keputusan yang cemerlang.

Ignorance [Tidak tahu]
I don't know.
Saya tidak tahu.

Indifference [Tidak peduli]
Who cares?
Siapa peduli?

Interest [Minat]
I would like to take up tennis.
Saya ingin bermain tenis.

Liking [Suka]
I love to eat apples very much.
Saya sangat suka makan buah epal.

Pleasure [Perasaan senang hati]
It's a fantastic show.
Itu pertunjukan yang hebat.

Preference [Lebih suka]
I prefer tea to coffee.
Saya lebih suka teh daripada kopi.

INSTANT MALAY FOR TOURISTS

Pity [*Kasihan*]
So pitiful!
Kasihan dia!

Regret [*Menyesal*]
I should have studied very hard.
Saya sepatutnya belajar bersungguh-sungguh.

Reluctance [*Keengganan*]
I am not free to help you
Saya tidak ada masa menolong awak.

Sadness [*Sedih*]
I am very sad.
Saya rasa sangat sedih.

Satisfaction [*Kepuasan*]
It's a wonderful breakfast.
Ini adalah sarapan yang enak.

Shock [*Terperanjat*]
That's not possible!
Itu tidak mungkin!

Wish [Keinginan]
I wish I were a wealthy man.
Saya ingin menjadi orang kaya.

PHRASES TO USE WHEN YOU WANT TO INFLUENCE OTHERS
Frasa-frasa yang digunakan apabila anda hendak menpengaruhi orang lain

Accuse [Menuduh]
I saw him taking your book.
Saya nampak dia mengambil buku awak.

Advise [Menasihat]
I think you should try harder.
Saya rasa awak harus berusaha lebih kuat lagi.

Appeal [Merayu]
Please give me another opportunity.
Tolong beri saya satu peluang lagi.

Bargain [Menawar]
I will buy it if you reduce your price.
Saya akan beli kalau awak kurangkan harganya.

Blame [Menyalahkan]
It was his entire fault.
Ini semua kesalahan dia.

Command [Memerintah]
Keep quiet!
Diam!

Complain [Mengadu]
The food in this restaurant is dirty.
Makanan di restoran ini kotor.

Compromise [Tolak ansur]
All right. I'll help you finish the work.
Baiklah. Saya akan tolong awak habiskan kerja itu.

To direct [Menunjukkan arah]
Keep straight and turn right.
Ikut jalan terus dan pusing ke kanan.

To discourage [Tidak menggalakkan]
Smoking is not good for your health.
Merokok tidak baik untuk kesihatan awak.

To encourage [Menggalakkan]
Try to do your best. I'm sure you'll succeed.
Cubalah. Saya pasti awak akan berjaya.

To persuade [Memujuk]
Let's go for a show. I'll give you a treat.
Mari kita pergi tengok wayang. Saya akan belanja.

To propose [Mencadang]
I propose Encik Ali for the post as the chairman.

Saya mencadangkan Encik Ali dilantik sebagai pengerusi.

To recommend [*Mengesyorkan*]
He is honest and is most suitable for the job.
Dia jujur dan paling sesuai untuk kerja itu.

To remind [*Mengingatkan*]
Don't forget to come to school this evening.
Jangan lupa datang ke sekolah petang ini.

To threaten [*Mengancam*]
If you are late I'll send you to the headmaster.
Kalau awak lambat, saya akan hantar awak ke Guru Besar.

To warn [*Memberi amaran*]
Beware!
Awas!

PHRASES TO USE WHEN YOU WANT TO PASS JUDGEMENT OR MAKE AN EVALUATION
Frasa-frasa yang digunakan untuk membuat penilaian

To approve [Setuju]
That's an interesting idea.
Itu pendapat yang menarik.

To compare [Membanding]
John is more hardworking compared to Peter.
John lebih rajin berbanding dengan Peter.

To criticise [Mengkritik]
This dish is very salty.
Lauk ini sangat masin.

To evaluate [Menilai]
The book is useful for bank managers.
Buku itu berguna untuk pengurus bank.